CE LIVRE APPARTIENT À :

Achète nos autres livres sur
www.sillyslothpress.com

Questions et service clients : écris-nous par courriel à l'adresse suivante
support@sillyslothpress.com

BLAGUE 1

DEUX CHEVAUX
PARTENT EN VACANCES
EN AFRIQUE ET VOIENT
UN ZÈBRE.
L'UN DIT :
- OH !
UN PRISONNIER ÉVADÉ !

BLAGUE 2

- DOCTEUR J'AI MAL À L'ŒIL
GAUCHE QUAND JE BOIS
MON CAFÉ.
- ESSAYEZ D'ENLEVER
LA CUILLÈRE
DE LA TASSE.

BLAGUE 3

UN AGENT INTERPELLE
UN GUITARISTE QUI FAIT
LA MANCHE DANS LE MÉTRO :
- VOUS AVEZ UNE AUTORISATION DE
LA PRÉFECTURE ?
- BEN, NON !
- TRÈS BIEN,
ALORS ACCOMPAGNEZ-MOI !
- D'ACCORD,
QU'EST-CE QUE VOUS
VOULEZ CHANTER ?

BLAGUE 4

COMMENT
FAIT-ON ABOYER
UN CHAT ?
ON LUI DONNE
UNE COUPE
DE LAIT
ET IL LA BOIT !

BLAGUE 5

UN MONITEUR
DE PARACHUTE DIT À CES ÉLÈVES :
- SAUTEZ ET VISEZ
LA CROIX BLANCHE ;
SI LE PARACHUTE
NE S'OUVRE
PAS, VISEZ
LA CROIX ROUGE.
C'EST L'INFIRMERIE...

BLAGUE 6

QUE TROUVE-T-ON
UNE FOIS DANS UNE MINUTE,
DEUX FOIS DANS UN MOMENT,
MAIS JAMAIS
DANS UN SIÈCLE ?
LA LETTRE M

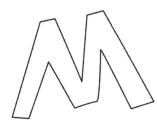

BLAGUE 7

MAMAN KANGOUROU
DIT AU MÉDECIN :
- DOCTEUR,
J'AI D'AFFREUSES BRÛLURES
D'ESTOMAC.
- DITES À VOS ENFANTS
D'ARRÊTER
DE JOUER AVEC LES
ALLUMETTES !

BLAGUE 8

QU'EST-CE QUI MONTE
ET QUI DESCEND
EN MÊME TEMPS ?
UN ESCALIER

BLAGUE 9

POURQUOI LES MARTIENS
NE RENVERSENT-ILS JAMAIS
DE CAFÉ SUR LA TABLE ?
PARCE QU'ILS ONT
DES SOUCOUPES !

BLAGUE 10

QUEL ANIMAL
A SIX PATTES
ET MARCHE
SUR LA TÊTE ?
- UN POU.

BLAGUE 11

UNE MAMAN MOUSTIQUE
DIT À SON PETIT :
- NE T'APPROCHE PAS DES HUMAINS,
ILS POURRAIENT TE FAIRE DU MAL !
LE PETIT
MOUSTIQUE RÉPOND :
- MAIS MAMAN,
QUAND JE M'APPROCHE D'EUX,
ILS M'APPLAUDISSENT !

BLAGUE 12

 POURQUOI LES FLEUVES
DÉBORDENT-ILS MAIS
RAREMENT LA MER ?
PARCE QUE DANS LA MER,
IL Y A DES ÉPONGES.

BLAGUE 13

POURQUOI
LES ÉLÉPHANTS
N'ONT - ILS
PAS D'ORDINATEUR ?
PARCE QU'ILS ONT PEUR
DES SOURIS

BLAGUE 14

UN COUPLE VA AU CINÉMA
ET DEMANDE À LA CAISSIÈRE :
- DEUX BILLETS,
S'IL VOUS PLAÎT.
- C'EST POUR
ROMÉO ET JULIETTE ?
- NON, POUR MA FEMME ET MOI !

BLAGUE 15

MONSIEUR ET MADAME MOLETTE ONT UNE FILLE. COMMENT S'APPELLE-T-ELLE ? CLÉA

BLAGUE 16

MONSIEUR ET MADAME STIKÉ ONT UNE FILLE, COMMENT S'APPELLE-T-ELLE? SOPHIE CAR SOPHISTIQUÉ !

BLAGUE 17

DEUX COCCINELLES
FONT LA COURSE.
L'UNE D'ELLES S'ARRÊTE ET DIT :
- STOP ! J'AI UN POINT DE CÔTÉ !

BLAGUE 18

COMMENT
APPELLE-T-ON
UN MAGICIEN
QUI FAIT
DE LA MAGIE
NOIRE AVEC
DES YAOURTS ?
– UN FAUX-MAGE BLANC.

BLAGUE 19

UN HOMME
A PRIS UN TAXI ET ARRIVE
À SA DESTINATION.
- ÇA FERA 105 EUROS, MONSIEUR !
- POURRIEZ-VOUS
RECULER UN PEU? JE N'AI QUE
100 EUROS SUR MOI... !

BLAGUE 20

MONSIEUR ET MADAME
ONETTE ONT DEUX FILLES
COMMENT S'APPELLENT-T-ELLES ?
CAMILLE ET MARIE
CAR CAMIONNETTE
ET MARIONNETTE !

BLAGUE 21

J'ESPÈRE QU'IL
NE VA PAS PLEUVOIR
AUJOURD'HUI,
DIT UNE MAMAN
KANGOUROU
À UNE AUTRE.
JE DÉTESTE
QUE LES ENFANTS
SOIENT OBLIGÉS
DE JOUER À L'INTÉRIEUR.

BLAGUE 22

M. ET MME JADE ONT UN FILS: LAURENT.

QUELLE EST
LA SPÉCIALITÉ
D'UN JARDINER ?
TOMBER DANS
LES POMMES

QUEL EST
LE COQUILLAGE
LE PLUS LÉGER?
C'EST LA PALOURDE.

BLAGUE 25

LA MAÎTRESSE DEMANDE
À DAMIEN :
- POURQUOI ARRIVES-TU
TOUJOURS EN RETARD À L'ÉCOLE ?
- C'EST À CAUSE DU PANNEAU,
MADAME.
- MAIS QUEL PANNEAU ?
- CELUI OÙ C'EST ÉCRIT
"ATTENTION ÉCOLE:
RALENTIR" !

BLAGUE 26

DE QUELLE COULEUR
SONT LES PETITS POIS ?
ROUGE, PARCE QUE
LES PETITS POIS
SONT ROUGES !

BLAGUE 27

QUE RACONTE UNE MAMAN DINOSAURE À SON BÉBÉ DINOSAURE: UNE PRÉHISTOIRE !

BLAGUE 28

MONSIEUR ET MADAME ASSIN ONT UN FILS. COMMENT S'APPELLE-T-IL ? MARC

BLAGUE 29

QU'EST-CE QUI
EST VERT ET QUI
DEVIENT ROUGE
QUAND
ON APPUIE SUR
UN BOUTON ?
UNE GRENOUILLE DANS
UN MIXEUR.

BLAGUE 30

MON PREMIER
SERT À COUPER DU BOIS. MON DEUXIÈME
SE TROUVE DANS LE GRUYÈRE.
MON TROISIÈME SERT À VOIR.
MON TOUT SERT
DE DÉCORATION
À HALLOWEEN.

CITROUILLE

QUEL EST
LE GÂTEAU
LE PLUS RAPIDE ?
L'ÉCLAIR BIEN SÛR !

QUE SE PASSE-T-IL
QUAND DEUX POISSONS
SE DISPUTENT ?
– LE THON MONTE

BLAGUE 33

QUEL EST LE FRUIT QUI VOUS SORT DES ENNUIS ? L'AVOCAT.

BLAGUE 34

UN PETIT NUAGE DIT À SA MÈRE :
- MAMAN, MAMAN, J'AI TRÈS ENVIE...
- D'ACCORD MON CHÉRI, VA FAIRE PLUIE PLUIE...

BLAGUE 35

MONSIEUR ET MADAME NASTIQUE ONT UN FILS. COMMENT S'APPELLE-T-IL ? JIM

BLAGUE 36

DEUX HOMMES DISCUTENT :
- MOI, J'AI TOUTE L'ANNÉE DES AMPOULES DANS LES MAINS.
- VOUS FAITES UN TRAVAIL DIFFICILE ?
- JE SUIS VENDEUR AU RAYON ÉLÉCTRICITÉ.

BLAGUE 37

C'EST UN PROF QUI S'ADRESSE
À SON ÉLÈVE :
- MARTIN TU CONNAIS
LA DIFFÉRENCE ENTRE LE SOLEIL
ET TON DEVOIR DE MATHS ?
- NON...
- LE SOLEIL EST UN ASTRE
ET TON DEVOIR,
DÉSASTRE !

BLAGUE 38

C'EST L'HISTOIRE
D'UN TÊTARD.
IL A CRU QU'IL ÉTAIT
TÔT MAIS EN FAIT,
IL ÉTAIT TARD.

BLAGUE 39

DEUX ENFANTS
DISCUTENT :
- MOI, J'ADORE
LA BARBE À PAPA !
- MOI LE MIEN,
IL SE RASE TOUS
LES MATINS.

BLAGUE 40

ON NE DIT PAS :
ELLE
A UN POTAGER...
ON DIT :
ELLE A UN VIEUX COPAIN.

BLAGUE 41

TOTO DIT À SA MÈRE :
- J'AURAIS VRAIMENT
AIMÉ VIVRE AU MOYEN-ÂGE.
- POURQUOI ?
- PARCE
QUE J'AURAIS
EU MOINS D'HISTOIRE
À APPRENDRE !

BLAGUE 42

CHARLOTTE REGARDE
LES MILLEFEUILLES
QUI COÛTENT 4 EUROS PIÈCE.
ELLE ENTRE ET DIT
À LA BOULANGÈRE :
- JE POURRAIS AVOIR
500 FEUILLES
S'IL VOUS PLAIT,
JE N'AI QUE 2 EUROS !

BLAGUE 43

COMME ALEXANDRE
A LA GRIPPE,
LE DOCTEUR L'AUSCULTE.
ALEXANDRE LUI DEMANDE :
« DOCTEUR,
JE VOUS PROMETS D'ÊTRE COURAGEUX !
DITES-MOI LA VÉRITÉ.
QUAND DOIS-JE RETOURNER
À L'ÉCOLE ?! »

BLAGUE 44

M. ET MME MYTE
ON UNE FILLE.
COMMENT
S'APPELLE-T-ELLE ?

DINA

BLAGUE 45

C'EST L'ANNIVERSAIRE
DU PETIT NUAGE ROSE.
SA MAMAN LUI DEMANDE
« QUE VEUX-TU COMME CADEAU,
UNE PETITE TEMPÊTE,
UN OURAGAN, UN DÉLUGE ?
NON MERCI MAMAN,
JE VOUDRAIS
SEULEMENT
UNE PETITE BISE.

BLAGUE 46

QUEL EST
LE SPORT
LE PLUS
SILENCIEUX ?
LE PARA-CHUUUT

BLAGUE 47

MONSIEUR
ET MADAME
DELUNE
ONT UNE FILLE.
COMMENT
S'APPELLE-T-ELLE ?
CLAIRE

BLAGUE 48

QUELS SONT
LES DEUX FRUITS
QUE L'ON TROUVE
DANS TOUTES
LES MAISONS ?
LES COINGS
ET LES MURES.

BLAGUE 49

MON PREMIER
VIENT APRÈS O.
ON SE COUCHE
DANS MON DEUXIÈME.
MON TROISIÈME
SE TROUVE EN NORMANDIE.
MON TOUT EST
UN ANIMAL À PLUMES.
QUI SUIS-JE ?

UN PÉLICAN !

BLAGUE 50

- J'AI BATTU UN RECORD !
- AH OUI, LEQUEL ?
J'AI RÉUSSI À FAIRE
EN 2 SEMAINES
UN PUZZLE SUR LEQUEL
ÉTAIT ÉCRIT « DE 3 À 5 ANS » !

BLAGUE 51

UN AGENT ARRÊTE
UNE AUTOMOBILISTE
ET LUI DIT :
- VOUS FAITES PLUS DE 50 !
- JE SAIS,
J'AI TOUJOURS FAIT PLUS
QUE MON ÂGE... !

BLAGUE 52

UN PAPA KANGOUROU
DEMANDE À SON FILS :
- ALORS COMMENT
S'EST PASSÉE CETTE
INTERRO D'HISTOIRE ?
- SUPER PAPA !
C'EST DANS LA POCHE !

BLAGUE 53

UN POU ET UNE MOUCHE
FONT LA COURSE.
LEQUEL DES DEUX
INSECTES GAGNE ?

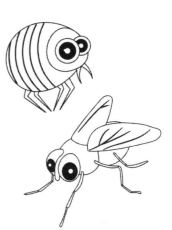

LE POU,
CAR IL EST EN TÊTE !

BLAGUE 54

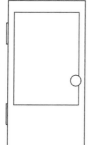

- VEUX-TU QUE JE TE RACONTE
LA BLAGUE DE TOTO
QUI VA AUX TOILETTES ?
- OUI...
- JE NE PEUX PAS...
IL A FERMÉ LA PORTE À CLEF...

BLAGUE 55

DEUX ESCARGOTS VIENNENT
D'ESCALADER UN MUR VRAIMENT
TRÈS HAUT.
ARRIVÉ EN HAUT,
L'UN D'EUX DIT :
- BEN DIS-DONC !
ON EN A BAVÉ...!

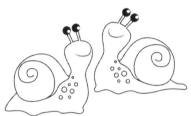

BLAGUE 56

UN VOLEUR S'INTRODUIT
DANS UNE MAISON.
IL PREND LA TÉLÉVISION,
DES BIJOUX, DE L'ARGENT...
LORSQU'IL S'APPRÊTE À PARTIR,
UNE VOIX ENFANTINE LUI DEMANDE :
- MONSIEUR,
VOUS POURRIEZ PAS PRENDRE
MON BULLETIN SCOLAIRE AUSSI ?

- QUELLE EST LA MEILLEURE BLAGUE EN CUISINE ?
- C'EST LA FARCE !

QU'EST-CE QUI EST VERT QUI MONTE ET QUI DESCEND ?

UN PETIT POIS DANS UN ASCENSEUR.

BLAGUE 59

QU'EST-CE QU'UN TUBE DE COLLE AVEC UNE CAPE ?
SUPERGLUE

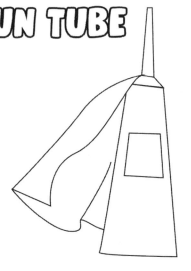

BLAGUE 60

UN ŒUF ATTEND SON AMI ET SE DIT :
- BON,
S'IL N'EST PAS LÀ DANS 10 MINUTES,
JE ME CASSE DE LÀ !

BLAGUE 61

QU'EST-CE QUI
A 300 DENTS
ET 2 YEUX ?
- UN CROCODILE.
QU'EST-CE QUI
A 300 YEUX ET 2 DENTS ?
- UN AUTOBUS
DE PERSONNES ÂGÉES !

BLAGUE 62

QUE FAUT-IL FAIRE
DÈS L'APPARITION
DES POUX ?
IL FAUT FAIRE APPEL
AU SERVICE APRÈS LENTES

BLAGUE 63

DEUX FRÈRES SE DISPUTENT,
L'UN DIT :
- TÊTE DE COCHON !
- HO ! QUEL ÂNE !
- ESPÈCE DE DINDE !
LEUR MÈRE ARRIVE ET DIT :
- HO... LA FERME !

BLAGUE 64

À TABLE MAMAN INSISTE
POUR QUE TOTO MANGE
SES HARICOTS :
« ALLEZ,
C'EST BON POUR
LA PEAU !
-MAIS JE NE VEUX PAS
AVOIR LA PEAU VERTE !
RÉPOND TOTO.

BLAGUE 65

MONSIEUR ET MADAME DÉ ONT UNE FILLE. COMMENT S'APPELLE-T-ELLE ? BONNIE

BLAGUE 66

QUEL EST LE COMBLE D'UNE ABEILLE ?

D'AVOIR LE BOURDON

BLAGUE 67

UN HOMME
ENTRE DANS UN RESTAURANT
ET DEMANDE.
- GARÇON,
EST-CE QUE VOUS SERVEZ
DES NOUILLES, ICI ?
- BIEN SÛR, MONSIEUR !
ICI, ON SERT TOUT LE MONDE !

BLAGUE 68

DEUX MITES
SE PROMÈNENT SUR
UN VESTON :
- VOUS PARTEZ
EN VACANCES
CETTE ANNÉE ?
- OUI, J'AI TROUVÉ
UN PETIT TROU SYMPA
AU BORD DE LA MANCHE !

BLAGUE 69

DEUX MELONS
SE RENCONTRENT DANS LA RUE.
LE PREMIER DIT À L'AUTRE :
- ÇA VA ? TU N'AS PAS L'AIR BIEN...
L'AUTRE LUI RÉPOND :
- NON, JE SUIS
UN PEU
MELON-COLIQUE
CES DERNIERS TEMPS !

BLAGUE 70

DEUX MAMANS DISCUTENT:
- MOI, MON BÉBÉ, ÇA FAIT TROIS
MOIS QU'IL MARCHE.
- ET BIEN ! IL DOIT ÊTRE LOIN MAINTENANT.

QUEL EST LE COMBLE
DU MOUTON ?
C'EST D'AVOIR
UNE FAIM
DE LOUP.

POURQUOI LA MER
MONTE ET DESCEND ?
PARCE QUE ÇA LA FAIT
« MARÉE » !

BLAGUE 73

QUEL POISSON
NE FÊTE JAMAIS
SON ANNIVERSAIRE ?
LE POISSON PANÉ

BLAGUE 74

JE VAIS ACHETER CETTE TOILE,
DIT LE CLIENT AU PEINTRE.
- C'EST UNE AFFAIRE, MONSIEUR.
J'Y AI PASSÉ DIX ANS DE MA VIE.
- DIX ANS ? QUEL BOULOT !
- AH ÇA OUI :
DEUX JOURS POUR
LA PEINDRE ET LE RESTE
POUR LA VENDRE !

BLAGUE 75

UN JOUR J'AI RACONTÉ UNE BLAGUE SUR LES MAGASINS À MES COPAINS MAIS ÇA N'A PAS SUPERMARCHÉ !

BLAGUE 76

UN PROFESSEUR DE SCIENCES NATURELLES DEMANDE :
- COMMENT S'APPELLE LA FEMME DU HAMSTER ?
- AMSTERDAM, M'SIEUR.

C'EST UN 9 QUI
DIT À UN 6 :
- EH, MAIS TU
ES TOMBÉ
SUR LA TÊTE !

QUEL EST LE MOT
QUI CONTIENT
UNE LETTRE ?
ENVELOPPE.

BLAGUE 79

QUI EST LE PLUS
EN FORME ENTRE
LE FEUTRE ET
LE CRAYON.
LE CRAYON CAR
IL A BONNE MINE.

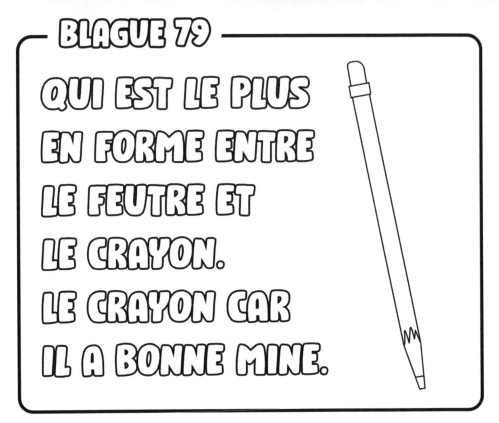

BLAGUE 80

COMMENT FAIT-ON
CUIRE UN POISSON DANS
UN PIANO ?
EN FAISANT
DO RÉ LA SOL...

BLAGUE 81

QUEL EST LE COMBLE POUR UN BOULANGER? AVOIR DU PAIN SUR LA PLANCHE.

BLAGUE 82

POURQUOI LES MILLEPATTES N'AIMENT-ILS PAS JOUER AU HOCKEY SUR GLACE ? LE TEMPS D'ENFILER LEURS PATINS, LA PARTIE EST DÉJÀ TERMINÉE !

ON NE DIT PAS MÉLODIE
EN SOUS-SOL,
MAIS GARE LA VOITURE
AU PARKING
SOUTERRAIN.

QU'EST-CE QUI PEUT
FAIRE LE TOUR DU MONDE
TOUT EN RESTANT SAGEMENT
DANS SON COIN ?

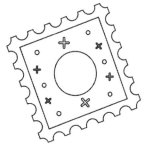

UN TIMBRE POSTE !

BLAGUE 85

JE NE FAIS PAS
DE BRUIT QUAND
JE ME LÈVE MAIS JE RÉVEILLE
QUAND MÊME TOUT LE MONDE.
QUI SUIS-JE ?

LE SOLEIL

BLAGUE 86

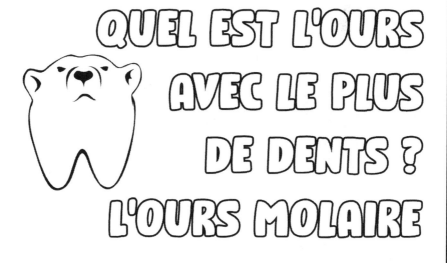

QUEL EST L'OURS
AVEC LE PLUS
DE DENTS ?
L'OURS MOLAIRE

BLAGUE 87

UNE MAMAN TORTUE
DIT À SON FILS :
- NE T'ÉLOIGNE PAS TROP,
LE BUS ARRIVE DANS
UNE HEURE...

BLAGUE 88

QUE FABRIQUE
UNE VACHE
QUAND ELLE
A LES YEUX
FERMÉS ?
- ELLE FAIT
DU LAIT CONCENTRÉ !

BLAGUE 89

QUEL EST LE FUTUR DE JE BAILLE ?

- JE DORS.

BLAGUE 90

DEUX ESCARGOTS SE BALADENT SUR UNE PLAGE ET RENCONTRENT UNE LIMACE QUAND TOUT À COUP L'UN DEUX S'ÉCRIE :

- SAUVE-QUI-PEUT, NOUS SOMMES SUR UNE PLAGE DE NUDISTES !

UNE FOURMI NOIRE DIT À UNE FOURMI ROUGE :
- T'AS PRIS UN COUP DE SOLEIL, TOI !

SUR UNE ROUTE, UN ESCARGOT VOIT PASSER UNE LIMACE ET DIT :
- OH, LA BELLE DÉCAPOTABLE !

BLAGUE 93

UN CHAT ENTRE DANS
UNE PHARMACIE
ET DEMANDE :
- BONJOUR !
JE VOUDRAIS
DU SIROP
POUR MATOU !

BLAGUE 94

POURQUOI LES SOURIS
N'AIMENT PAS JOUER
AUX DEVINETTES ?
PARCE QU'ELLES
ONT PEUR
DE DONNER
LEUR LANGUE AU CHAT.

BLAGUE 95

MON PREMIER AIME LE LAIT
MON DEUXIÈME
EST LE CONTRAIRE DE TARD
MON TROISIÈME
EST LE CONTRAIRE DE FAIBLE
MON TOUT EST
UN MONUMENT FORTIFIÉ.
QUI SUIS-JE ?
UN CHÂTEAU FORT !

BLAGUE 96

DANS LA PHRASE
"LE VOLEUR A VOLÉ
UNE TÉLÉVISION",
OÙ EST
LE SUJET ?
EN PRISON !

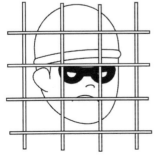

BLAGUE 97

ON NE DIT PAS
"IL A UN CERF-VOLANT"
MAIS
"IL EST LONG
À LA DÉTENTE"

BLAGUE 98

QUELLE SONT
LES DEUX SŒURS
QUI ONT
LA MEILLEURE VUE ?
LES SŒURS
JUMELLES.

BLAGUE 99

- TOTO, LE VERBE VOLER AU FUTUR...
- J'IRAI EN PRISON, TU IRAS EN PRISON...

BLAGUE 100

QU'EST-CE QUI A DEUX BRANCHES MAIS PAS DE FEUILLE ? LES LUNETTES.

BLAGUE 101

QUE DIT UNE CAROTTE QUAND ELLE ÉCHOUE ?

MINCE, C'EST RÂPÉ !!!

BLAGUE 102

DANS UNE PÂTISSERIE, COMMENT RANGE-T-ON LES PAINS AU CHOCOLAT ? DANS L'ORDRE DÉCROISSANT !

BLAGUE 103

MONSIEUR ET MADAME DIOHÉTAFON ONT UNE FILLE. COMMENT S'APPELLE-T-ELLE ? LARA

BLAGUE 104

SI LES TOMATES NE SAVENT PAS CHANTER, LES CAROTTES, ELLES, SAVENT RAPPER !

BLAGUE 105

COMBIEN DE FILS A LA MÈRE DE JUSTIN ? JUSTE UN.

BLAGUE 106

UN CAMBRIOLEUR PÉNÈTRE DANS UNE PROPRIÉTÉ ET APERÇOIT À L'ENTRÉE DU JARDIN : « ATTENTION PERROQUET MÉCHANT ! » INTRIGUÉ, IL ENTRE TOUT DE MÊME DANS LA MAISON ET SE RETROUVE NEZ À NEZ AVEC LE PERROQUET ATTACHÉ SUR UN PERCHOIR. L'HOMME RIGOLE BIEN EN SE MOQUANT DU « TERRIBLE » ANIMAL. LORSQUE SOUDAIN, LE PERROQUET SE MET À CRIER : « REX, ATTAQUE !!!! »

BLAGUE 107

AU RESTAURANT, LE GARÇON DEMANDE AU CLIENT :
- COMMENT AVEZ-VOUS TROUVÉ VOTRE STEAK ?
- TOUT À FAIT PAR HASARD, EN SOULEVANT QUELQUES FRITES !

BLAGUE 108

QUEL EST LE PLAT PRÉFÉRÉ DES VAMPIRES ? LE CROQUE-MONSIEUR !!

BLAGUE 109

MON PREMIER
EST LA 1ÈRE LETTRE DE L'ALPHABET
MON DEUXIÈME
EST LE BÉBÉ DE LA VACHE
MON TROISIÈME
VIENT AVANT LA LETTRE L
MON TOUT EST UN FRUIT
AVOCAT

BLAGUE 110

POURQUOI LES POISSONS
ONT-ILS SOUVENT FROID ?
PARCE QU'ILS
SE LES CAILLENT BIEN SÛR !

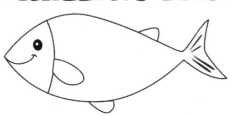

BLAGUE 111

UNE POULE SORT
DE SON POULAILLER
ET SE PLAINT :
« QUEL FROID
DE CANARD ! »
JUSTE À CE MOMENT,
UN CANARD PASSE ET DIT :
« TU AS RAISON,
J'AI LA CHAIR DE POULE ! »

BLAGUE 112

UN CHIEN ET UN HOMME
SONT SUR UN BATEAU.
LE CHIEN PÈTE ET L'HOMME
TOMBE À L'EAU
ET SE NOIE.
QUELLE EST
LA RACE DU CHIEN ?
UN PÉKINOIS.

BLAGUE 113

UN CITRON ET UNE VACHE
PÉNÈTRENT DANS UNE BANQUE :
LE CITRON S'EXCLAME :
- PAS UN ZESTE
JE SUIS PRESSÉ !
LA VACHE AJOUTE :
- ET QUE PERSONNE
NE BOUSE !

BLAGUE 114

MONSIEUR ET MADAME SÉRIEN
ONT UN FILS.
COMMENT S'APPELLE-T-IL ?
JEAN...
JEAN SÉRIEN...

BLAGUE 115

LA MAMAN DU CRAYON
NE VEUT PAS
QU'IL AILLE À LA PISCINE,
POURQUOI ?
CAR LE CRAYON
A PAS PIED!

BLAGUE 116

- AVEZ-VOUS DES ENFANTS ?
- OUI, DEUX
- PASSIONS, HOBBIES ?

- NON,
FRANCIS ET NICOLE.

MONSIEUR ET MADAME PETIVAIRDELÈ ONT UN FILS. COMMENT S'APPELLE-T-IL ? JUSTIN

QUELLE EST LA CAPITALE DE TAMALOU ? - GÉBOBOLÀ BIEN SÛR !

BLAGUE 119

DEUX SARDINES S'ENNUIENT :
- QU'EST-CE QU'ON FAIT CE SOIR ?
- ET SI ON ALLAIT EN BOÎTE ?

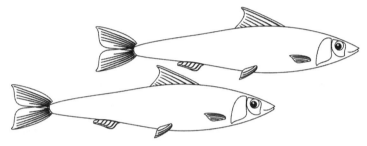

BLAGUE 120

UN CHAMEAU DIT À UN DROMADAIRE :
- COMMENT ÇA VA ?
- BIEN, JE BOSSE, ET TOI ?
- JE BOSSE, JE BOSSE !

BLAGUE 121

QU'EST-CE QUI
A LA PEAU DURE
ET MARCHE
À LA BAGUETTE ?
UN TAMBOUR

BLAGUE 122

UN ÉCUREUIL
SE FAIT ARRÊTER PAR
LA POLICE. L'AGENT LUI DIT :
- AMENDE
DE 100 EUROS
POUR EXCÈS
DE VITESSE.
L'ÉCUREUIL LUI RÉPOND :
- VOUS N'AURIEZ
PAS PLUTÔT DES NOISETTES ?

C'EST L'HISTOIRE DU P'TIT DEJ', VOUS LA CONNAISSEZ ? NON, PAS DE BOL...

QUEL EST L'ANIMAL QUI A LE PLUS DE DENTS ? LA PETITE SOURIS !

BLAGUE 125

MON PREMIER
EST LE CONTRAIRE DE HAUT.
MON DEUXIÈME
EST LE CONTRAIRE
DE RAPIDE.
MON TROISIÈME
EST LE CONTRAIRE
DE MATIN.
MON TOUT SE TROUVE
DANS LE JARDIN.
QUI SUIS-JE?
UNE BALANÇOIRE

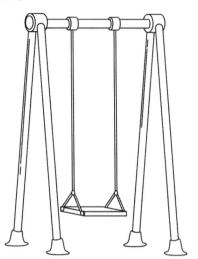

BLAGUE 126

QUE FAIT UN CHEVAL EN ARRIVANT AU SUPERMARCHÉ ?
IL FAIT LES COURSES !

BLAGUE 127

MONSIEUR ET MADAME DI ONT UN FILS. ALAIN

BLAGUE 128

DEUX POULES PAPOTENT ENSEMBLE :
- T'AS PAS L'AIR EN FORME, TU AS MAUVAISE MINE !
- JE CROIS QUE JE COUVE QUELQUE CHOSE...

BLAGUE 129

M. ET MME TIME
ONT UN FILS.
COMMENT S'APPELLE-T-IL ?
VINCENT,
PARCE QUE VINCENT TIME !

BLAGUE 130

UN GARÇON DEMANDE
À SON AMI :
-TU CONNAIS L'HISTOIRE
DE LA FEUILLE
EN PAPIER ?
- NON
- ELLE DÉCHIRE !

BLAGUE 131

COMMENT APPELLE-T-ON UN DINOSAURE AVEUGLE ?
UN MIROSAURE !

BLAGUE 132

C'EST QUOI UN CANIFE ?
- UN PETIT FIEN.

BLAGUE 133

UN BOULEAU S'APERÇOIT
QUE SON ÉCORCE EST DÉCHIRÉE.
IL SE PENCHE
VERS UN SAPIN
ET LUI DEMANDE :
- TU PEUX
ME PASSER
UNE AIGUILLE ?

BLAGUE 134

UN PETIT GARÇON
FAIT SES DEVOIRS
ET DEMANDE À SON PÈRE :
- PAPA, OÙ SONT
LES PYRÉNÉES ?
- JE NE SAIS PAS.
DEMANDE À TA MÈRE,
C'EST ELLE QUI RANGE TOUT !

BLAGUE 135

QUEL EST LE COMBLE POUR UN CANARD ? C'EST D'EN AVOIR PLUS QUE MARRE.

BLAGUE 136

QUE FAIT-ON AUX VOLEURS DE SALADES ?

ON LAITUE

BLAGUE 137

LA MAÎTRESSE
DEMANDE À TOTO :
- OÙ SE TROUVE
L'EVEREST ?
- HEU...
PAGE 45 DU LIVRE
DE GÉOGRAPHIE !

BLAGUE 138

MONSIEUR ET MADAME
A ONT DEUX FILLES,
COMMENT S'APPELLENT-ELLES ?
EMMA ET KAREN.

BLAGUE 139

C'EST INCROYABLE,
MA FILLE A DEUX ANS
ET ELLE SAIT DIRE SON PRÉNOM
DANS LES DEUX SENS !

COMMENT
S'APPELLE-T-ELLE ?
ANNA

BLAGUE 140

VOUS CONNAISSEZ
L'HISTOIRE
DE L'ARMOIRE ?
ELLE N'EST
PAS COMMODE...

BLAGUE 141

SOPHIE REVIENT
DE CHEZ LE DENTISTE
ET SA MAMAN LUI DEMANDE :
- TA DENT TE FAIT
ENCORE MAL ?
- JE NE SAIS PAS, MAMAN.
ELLE EST RESTÉE CHEZ
LE DENTISTE.

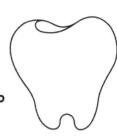

BLAGUE 142

UNE POULE
CROISE UNE AUTRE POULE :
« TU VIENS,
ON VA PRENDRE
UN VER ? »

BLAGUE 143

UN ENFANT DIT À SON ONCLE :
- MERCI TONTON !
LA TROMPETTE QUE TU M'AS ACHETÉE À NOËL ÉTAIT LE PLUS BEAU DES CADEAUX.
DEPUIS QUE JE L'AI, PAPA ME DONNE 2 EUROS CHAQUE FOIS QUE JE JOUE POUR QUE JE M'ARRÊTE !

€2

BLAGUE 144

MONSIEUR ET MADAME GATOR ONT UN FILS. COMMENT S'APPELLE-T-IL ?

ALI, CAR ALLIGATOR!

BLAGUE 145

UN CHAT VEUT PRENDRE UN AUTRE CHAT EN PHOTO :
- ATTENTION ! SOURIS !
- QUOI OÙ ÇA, OÙ ÇA ?

BLAGUE 146

DANS UN ASILE, UN FOU SE PROMÈNE AVEC UNE LAISSE ET UNE BROSSE À DENT ACCROCHÉE AU BOUT.
UN GARDIEN LUI DIT :
- IL EST BEAU VOTRE CHIEN
LE FOU LE REGARDE BIZARREMENT ET LUI RÉPOND :
- DE QUOI PARLEZ-VOUS ?
VOUS VOYEZ BIEN QUE C'EST UNE BROSSE À DENTS !
LE GARDIEN, UN PEU PERPLEXE, S'ÉLOIGNE. LE FOU REGARDE SA BROSSE À DENTS ET LUI DIT :
- ON L'A BIEN EU, HEIN MILOU ?

BLAGUE 147

LE PROFESSEUR
DEMANDE À TOTO :
- TOTO, 3 ET 3
ÇA FAIT QUOI ?
- MATCH NUL MONSIEUR !

BLAGUE 148

QU'EST-CE QU'UNE ÉCLIPSE ?
UNE SOMBRE
HISTOIRE ENTRE
LA LUNE
ET LE SOLEIL.

BLAGUE 149

POURQUOI LES PÊCHEURS SONT-ILS MAIGRES?
PARCE QU'ILS SURVEILLENT LEUR LIGNE !

BLAGUE 150

UN PROFESSEUR DEMANDE À UN ÉLÈVE DE LUI CONJUGUER LE VERBE MARCHER :

- JE MARCHE, TU MARCHES, IL MARCHE, ...
- PLUS VITE !
- NOUS COURONS, VOUS COUREZ, ILS COURENT !

BLAGUE 151

- BONJOUR DOCTEUR,
J'AI BESOIN DE LUNETTES.
- OUI EN EFFET
PARCE QU'ICI,
C'EST UNE BANQUE.

BLAGUE 152

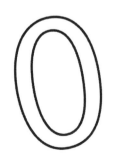

C'EST TOTO QUI RENCONTRE
UN COPAIN SUR LE CHEMIN
DE L'ÉCOLE :
- JE VAIS AVOIR
UN ZÉRO EN MATHS !
- TU EN ES SÛR ?
- AUSSI SÛR
QUE 2 ET 2 FONT 5...

BLAGUE 153

QUELLE
MONNAIE
UTILISENT
LES POISSONS ?
LES SOUS MARINS.

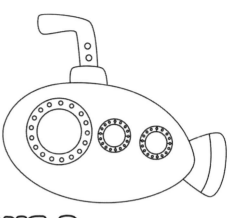

BLAGUE 154

QU'EST-CE QU'UN
OISEAU QUI SE GRATTE QUE
D'UN CÔTÉ ?

UN OISEAU
MI-GRATTEUR.

BLAGUE 155

LE PETIT PIERRE
DEMANDE À SA MÈRE :
- MAMAN, TU DIS
QUE NOS VOISINS
SONT DU MIDI.
MAIS NOUS,
ON EST DU MATIN OU DU SOIR ?

BLAGUE 156

UN POLICIER ARRÊTE
UN CONDUCTEUR
QUI A DÉPASSÉ
LA LIMITATION
DE VITESSE
ET LUI DEMANDE :
- PAPIERS ?
- HEU, CISEAUX ?

BLAGUE 157

- J'AI PERDU MON CHIEN...
- FAITES PASSER UNE ANNONCE !
- ÇA NE SERT À RIEN, IL NE SAIT PAS LIRE...

BLAGUE 158

QU'EST-CE QUI PEUT ÊTRE DANS LA MER ET DANS LE CIEL ? UNE ÉTOILE.

BLAGUE 159

QU'EST-CE QUE LE MAGICIEN PRÉFÈRE ACHETER CHEZ LE BOULANGER ?
UNE BAGUETTE

BLAGUE 160

MONSIEUR ET MADAME ORLÈBONBON ONT UNE FILLE. COMMENT S'APPELLE-T-ELLE ?
JADE

BLAGUE 161

LA MAMAN DE SOPHIE
N'EST PAS CONTENTE.
- REGARDE, LE LAIT A DÉBORDÉ,
JE T'AVAIS POURTANT DEMANDÉ
DE REGARDER TA MONTRE.
- MAIS JE L'AI FAIT,
IL ÉTAIT EXACTEMENT
8H10 QUAND LE LAIT A DÉBORDÉ !

BLAGUE 162

QUEL BRUIT FAIT
LA FOURMI ?
ELLE CRO-ONDE,
PARCE QUE
« FOUR MICROONDE ».

BLAGUE 163

COMMENT APPELLE-T-ON
UN CHAT TOMBÉ DANS
UN POT
DE PEINTURE LE JOUR
DE NOËL ?
UN CHAT-PEINT
DE NOËL

BLAGUE 164

QUE DIT UNE CIGALE
À LA PLAGE ?

« GRILLIONS, MES AMIES,
GRILLIONS ! »

BLAGUE 165

QUEL EST LE COMBLE
POUR UN DENTISTE ?
C'EST D'AVOIR
UNE DENT
CONTRE QUELQU'UN.

BLAGUE 166

DEUX MAMANS
DISCUTENT DEVANT L'ÉCOLE :
- VOTRE FILS JOUE DU PIANO,
VOTRE CADETTE DU TROMBONE,
VOTRE AÎNÉE APPREND LE CHANT.
ET VOUS, DANS TOUT ÇA ?
- OH, MOI, J'APPRENDS
À SUPPORTER LE BRUIT.

BLAGUE 167

ON NE DIT PAS "UN CHAPITRE" MAIS "UN MATOU RIGOLO"

BLAGUE 168

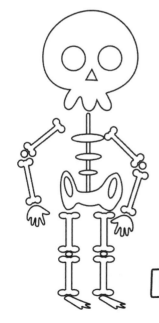

QU'EST-CE QU'UN SQUELETTE DANS UNE ARMOIRE ? UN GAGNANT À UN JEU DE CACHE-CACHE !

BLAGUE 169

UN ARBRE DIT À
UN AUTRE ARBRE :

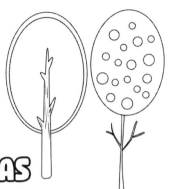

- NE VOUDRAIS-TU PAS
UN NOUVEAU FEUILLAGE ?!
ET L'AUTRE ARBRE LUI RÉPOND :
- NON ÇA ME BRANCHE PAS TROP...

BLAGUE 170

MAMAN CITRON
DIT À SON FILS
EN TRAVERSANT
LA RUE :
« ALLEZ JUJU,
PRESSE-TOI ! »

LA MAÎTRESSE
INTERROGE TOTO :
- PEUX-TU ME CONJUGUER
LE VERBE "MANGER"
AU PRÉSENT ET AU PASSÉ ?
- JE MANGE... JE MANGEAIS...
J'AI MANGÉ... ET HEU J'AI PLUS FAIM !

UN JOUR, DIEU DEMANDA
AU COCA DE COLLER...

ET LE COCA COLA...

BLAGUE 173

COMMENT APPELLE-T-ON UNE STAR DU CINÉMA AQUATIQUE ? UNE ÉTOILE DE MER !

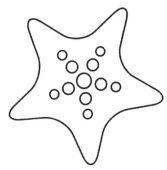

BLAGUE 174

QUEL EST LE COMBLE POUR UN PEINTRE ? DE S'EMMÊLER LES PINCEAUX !

BLAGUE 175

C'EST L'HISTOIRE DE DEUX POMMES DE TERRE. UNE D'ELLES SE FAIT ÉCRASER EN TRAVERSANT ET L'AUTRE S'ÉCRIE :
- OH PURÉE !

BLAGUE 176

POURQUOI LES ZÈBRES NE VONT-ILS PAS DANS LES MAGASINS ? PARCE QU'ILS ONT PEUR QU'ON LES CONFONDE AVEC DES CODE-BARRES !!!!!!!

BLAGUE 177

QUEL EST LE FRUIT QUE
LES POISSONS
DÉTESTENT
LE PLUS ?
LA PÊCHE.

BLAGUE 178

MONSIEUR ET MADAME
BONBEURRE
ONT UN FILS ?
JEAN

BLAGUE 179

2 FILLES JOUENT À NI OUI NI NON.
L'UNE DIT :
- QUEL FRUIT
EST VERT ET POILU ?
L'AUTRE :
- LE KIWI...
- PERDU !

BLAGUE 180

MON PREMIER EST
UN ANIMAL VOLEUR. MON DEUXIÈME
EST UNE GROSSE SOURIS. MON TROISIÈME
SE CACHE SOUS LA CROÛTE DU PAIN.
MON DERNIER EST UN CHIFFRE.
MON TOUT EST UN MONUMENT ÉGYPTIEN.
QUI SUIS-JE?
UNE PYRAMIDE

BLAGUE 181

POURQUOI NAPOLÉON
N'A JAMAIS DÉMÉNAGÉ ?
PARCE QU'IL AVAIT
UN BONAPARTE.

BLAGUE 182

DEUX ESCARGOTS SE BALADENT :
- ET SI ON ALLAIT
MANGER QUELQUES CERISES ?
- ON EST EN HIVER, EH, BANANE.
- OUAIS,
MAIS LE TEMPS
D'Y ÊTRE,
CE SERA L'ÉTÉ !

BLAGUE 183

QUEL EST LE COMBLE
D'UN PROF DE GYM ?
C'EST DE TOMBER DANS
LES POMMES
ALORS QU'IL
FAIT LE POIRIER.

BLAGUE 184

POURQUOI LES HIPPOPOTAMES
ONT DES PATTES RONDES ?
C'EST POUR SAUTER
PLUS GRACIEUSEMENT
DE NÉNUPHARS
EN NÉNUPHARS.

BLAGUE 185

UNE GIRAFE ET UNE SOURIS
SE PROMÈNENT ET DÉCIDENT
DE TRAVERSER
UNE RIVIÈRE.
LA GIRAFE DIT :
- ATTENDS,
JE VAIS ALLER
VOIR SI ON A PIED...

BLAGUE 186

QUE DIT UNE GÉLULE
DANS UNE BOÎTE
À PILULES ?
- JE ME SENS
COMPRIMÉE

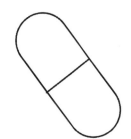

QUEL EST LE COMBLE
POUR
UN JARDINIER ?
RACONTER
DES SALADES.

UN HÉRISSON
DEMANDE À UNE PIERRE
TOUTE LISSE :
COMMENT
FAITES-VOUS
POUR AVOIR
LA PEAU SI DOUCE ?

BLAGUE 189

UN HOMME EXPLIQUE
À UN AUTRE :
- MOI, DANS LA VIE,
JE PRÉFÈRE DONNER QUE RECEVOIR.
- AH, C'EST BIEN ÇA !
ET VOUS FAITES QUOI DANS LA VIE ?
- BOXEUR !

BLAGUE 190

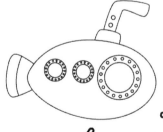

- ALORS VOTRE FILS EST TOUJOURS
DANS LA MARINE ?
- NON, IL A ÉTÉ
OBLIGÉ D'EN PARTIR.
- AH BON. POURQUOI ?
- IL ÉTAIT DANS LES SOUS-MARINS
ET IL NE POUVAIT PAS S'EMPÊCHER
DE DORMIR AVEC LA FENÊTRE OUVERTE.

BLAGUE 191

- TU ES SUR UNÊ ILE DÉSERTE
ET TU AS 9 CAROTTES
QUE TU VEUX FAIRE CUIRE.
COMMENT FAIS-TU ?
- J'EN ENLÈVE UNE CAR
LES CAROTTES SONT QU'HUIT...

BLAGUE 192

UN GROUPE DE VISITEURS
SORT TERRORISÉ D'UN
VIEUX CHÂTEAU HANTÉ.
L'UN D'EUX S'ADRESSE AU GARDIEN :
- IL Y A UN FANTÔME DANS CE CHÂTEAU !
- IMPOSSIBLE, MONSIEUR,
CELA FAIT 406 ANS QUE JE TRAVAILLE
ICI ET JE N'AI JAMAIS VU DE FANTÔME !

- MAMAN, MAMAN, EST-CE QUE JE POURRAIS AVOIR UN CHIEN À NOËL ?
- NON, TU AURAS DE LA DINDE COMME TOUT LE MONDE!

PAPY, C'EST QUOI UNE DÉCLARATION D'IMPÔTS ?
BEN, C'EST LE CONTRAIRE DU BULLETIN SCOLAIRE. QUAND TU AS BIEN TRAVAILLÉ, TU ES PUNI !

R ET MADAME
ATE ONT UN FILS.
OMMENT S'APPELLE-T-IL ?
PHIL

BLAGUE 196

OÙ LES SUPER HÉROS
VONT-ILS
FAIRE LEURS
COURSES ?
AU SUPERMARCHÉ !

BLAGUE 197

QUELLES SONT LES DEUX LETTRES QUE L'ON BOIT ?
O ET T !

BLAGUE 198

C'EST QUOI UN MORCEAU DE PATATE QUI TOMBE SUR LA PLANÈTE ?
UNE MÉTÉOFRITE

...ONIC :

...NE,

...LE EST LA DISTANCE

...ERS LA TERRE LA PLUS PROCHE ?

- DEUX MILES ENVIRON.

- DANS QUELLE DIRECTION ?

- VERS LE FOND,
JE LE CRAINS.

BLAGUE 200

QU'EST CE QU'UN
LÉGUME
QUI POUSSE
SOUS L'EAU ?
UN CHOU MARIN...

Printed in Poland
by Amazon Fulfillment
Poland Sp. z o.o., Wrocław